BURN AFTER WRITING

BURN AFTER WRITING

Sharon Jones

SPECTRUM

Oorspronkelijke titel: *Burn After Writing*
Oorspronkelijke uitgave: Tatcher Perigee,
An imprint of Penguin Random House LLC
Vertaling: Claudia Dispa/Vitataal
Omslagfoto: Dave Bradley Photography
Redactie en productie Nederlandtalige editie: Vitataal, Feerwerd
Opmaak: Indruk Grafisch Ontwerp, Soest

ISBN 978 90 00 37645 2
NUR 450

Eerste druk, 2020

Spectrum maakt deel uit van Uitgeverij Unieboek | Het Spectrum bv,
Postbus 23202
1100 DS Amsterdam

www.spectrumlifestyle.nl

Spectrum Lifestyle Boeken
spectrumboeken

DIT BOEK GAAT OVER JOU

Als volwassenen leren we onszelf zo te gedragen als anderen prettig vinden. Dat gaan we dus eventjes niet doen. Neem een pauze, pak een kop koffie, doe een gezellige lamp aan en geniet van *Burn After Writing*.

Wat is Burn After Writing?

Het is jouw zwartboek. Verborgen in een geheim vakje van je eigen wereld. Alleen voor jouw ogen bestemd. De plek waar je helemaal eerlijk kunt zijn en je je geen zorgen hoeft te maken over wat anderen ervan vinden. De enige plek in je leven waar je je ware gezicht kunt laten zien.

Het is een uitgebreid, diepgaand interview met jezelf, een ingrijpend gedachtenexperiment met jezelf als onderwerp en als resultaat.

Sommige elementen zijn willekeurig, zoals de patronen van theeblaadjes in een kop. Andere elementen zijn opzettelijk, erop gericht om je bewust te maken van aspecten van jezelf die je niet eerder had opgemerkt.

Het is tijd voor een spelletje *Truth or Dare*. Hoe eerlijk durf je te zijn als jij zelf de enige toeschouwer bent?

DE WAARHEID

Je kunt je niet verstoppen voor de waarheid, maar de waarheid kan zich wel voor jou verschuilen. Ze zeggen dat een kunstenaar leugens gebruikt om de waarheid te onthullen. Eén ding is zeker: je kunt nooit de volledige waarheid vertellen, vooral niet wanneer je over jezelf schrijft.

Soms lieg je door dingen weg te laten, soms zul je de waarheid verdraaien. Er is altijd een zekere mate van fictie, omdat het spreken of schrijven niet de gebeurtenis zelf is; er is altijd een kloof tussen het woord en het moment.

Maar hoe eerlijk kun je op deze vragen antwoorden? Hoe voelt het om de waarheid te vertellen? Waar het werkelijk om draait: hoe duidelijk kun je jezelf zien door je eigen bevooroordeelde blik?

Aan jou de keus hoe je dit boek wilt gebruiken, maar denk steeds goed na voor je antwoord geeft over 'de waarheid'. Je weet dan tenminste zelf of je liegt of niet.

JE PEN IS MACHTIGER DAN JE TOETSENBORD

Elk handschrift is uniek, net als een vingerafdruk, een zangstem of een voetafdruk. Een handschrift verraadt net zo veel van en over zichzelf als over de intentie waarmee het is gebruikt. Je geeft jezelf bloot wanneer je een pen op papier zet.

In deze tijd van ongelimiteerde en snelle reproductie is alleen het unieke nog bijzonder. De kans is klein dat je nazaten ooit jouw Facebook-tijdlijn zullen doornemen.

Bewaar iets voor de echte wereld die uiteindelijk de enige plaats is waar we onszelf kunnen zijn. Als je iets moois met de hand schrijft, blijft dat tot in de eeuwigheid bewaard.

DISCLAIMER

Ga niet verder als je jezelf niet kunt zijn. Je kunt niet zomaar onbevangen komen binnenvallen en willekeurig in dit boek snuffelen. Je moet eerst in de cultus van *BAW* worden ingewijd.

Sta even stil voor je verdergaat en als een kip zonder kop de sprong in het diepe waagt en overdenk de heilige waarden van de *BAW*-cultus:

- Ik zal voor mijn antwoorden meedogenloos naar de pijnlijke waarheid zoeken.
- Ik zal de orakelkracht van het willekeurig bladeren gebruiken om de relevantste vraag voor mijn huidige situatie te vinden.
- Ik zal door de gangen van mijn geest wandelen en alle gesloten deuren openen.

Als je je kunt vinden in deze nobele en moedige doelstellingen, dan nodigen we je van harte uit om je bij de club van waarheid en zelfkennis aan te sluiten. Schijf de volgende tekst met de hand over:

Ik zweer trouw aan de *BAW*-cultus.

Nu kun je verdergaan. Sla het boek op een willekeurige bladzijde open. (Of kiest de bladzijde jou?)

HET VERLEDEN

• • •

Door naar iets te kijken verander je het;
door naar jezelf te kijken verander jij.

Het verleden kun je misschien niet veranderen, maar je herinnering eraan is nooit hetzelfde. Telkens wanneer we ons iets herinneren, beleven we het opnieuw vanuit een ander perspectief.

We vinden het verleden steeds opnieuw uit om aan onze huidige behoefte te voldoen. Laten we dat nu eens omdraaien. Probeer nieuwe verhaallijnen in je eigen geschiedenis te vinden; verhaallijnen die je relatie met het heden volledig op z'n kop zetten. Dat is een leuk spel, maar wel aan allerlei regels gebonden. Alleen jij kent die regels. Ga verder.

Mijn vroegste herinnering

Dit wilde ik als kind het allerliefst worden

Dit miste ik het meest in mijn kindertijd

Dit woord omschrijft mijn kindertijd het beste

Deze posters hingen er in mijn kamer tijdens mijn jeugd

Dit liefdevolle gebaar maakte de meeste indruk op mij

Dit waren de helden uit mijn jeugd

MIJN EERSTE KEREN

Een eerste keer is een soort aardverschuiving van je ziel. Onvergetelijk, vergankelijk en ongelooflijk destructief. Maar uit de ruïnes van onze onhandige en hartstochtelijke primeurs verrijst een geweldig boeiende en veerkrachtige volwassene. De ellende is dat we altijd hopen dat zo'n bijzondere eerste keer voor eeuwig zal zijn.

Eerste vriend(in): ....

Eerste liefde: ....

Eerste lp/cd die ik kocht: ....

Eerste buitenlandse vakantie: ....

Eerste baan: ....

Eerste auto: ....

Eerste concert: ....

Eerste school: ....

Eerste zoen: ....

Eerste juf/meester: ....

Eerste alcoholische drankje: ....

Wanneer deed je voor het laatst iets voor het eerst?

TERUGKIJKEN

Maak een wandeling door de tuin van je verleden naar de mistige halfvergeten dagen van je persoonlijke geschiedenis. Iedereen heeft het over die goede oude tijd...

Van deze muziek hield ik als kind

Dit kocht ik van mijn eerste salaris

Op deze leeftijd werd ik volwassen

Degene die de grootste invloed heeft gehad op mijn leven

Degene van wie ik het meest heb gehouden

Het moeilijkste dat ik ooit heb gedaan

Dit zou ik veranderen als ik het allemaal nog eens over mocht doen

De eerste song die ik me kan herinneren

Dit verzamelde ik als kind

Deze ambities had ik als kind

Deze leraar/lerares heeft mij het sterkst beïnvloed

Mijn ouders waren

Mijn eerste huisdier

Mijn beste jeugdvriend/-vriendin

Dit voorwerp uit mijn kindertijd zou ik graag nog eens terugzien

Dit spijt me het allermeest

Hieraan was ik verslaafd

Ik was het gelukkigst toen

Dit boek heeft mijn leven het sterkst beïnvloed

De meest dramatische beslissing in mijn leven

Deze persoon zal ik nooit vergeven

Het idiootste dat ik ooit heb gedaan

5 dingen die ik heb gedaan, maar nooit meer zal doen

1. ....

2. ....

3. ....

4. ....

5. ....

De 5 mooiste gebeurtenissen uit mijn leven

1. ....

2. ....

3. ....

4. ....

5. ....

5 dingen die ik altijd wilde doen, maar nooit heb gedaan

1. ....

2. ....

3. ....

4. ....

5. ....

Mensen die ik mis

Deze persoon/personen had ik liever niet willen leren kennen

De laatste keer dat ik 'Ik hou van jou' zei

Mijn pijnlijkste gebroken hart

Mijn verstandigste keuze als tiener

Ik voel me schuldig omdat

Mijn levensverhaal in 3 zinnen

Mijn innerlijke bagage

ENKELE FAVORIETE DINGEN

Zo nu en dan gebeurt er iets waar je helemaal stil van wordt. Je hebt het gevoel dat je eindelijk begrepen wordt, alsof iemand in jouw ziel heeft gekeken en speciaal voor jou een song heeft geschreven. Deze ervaringen groeien met je mee en verrijken je leven.

Top 5 bands

1. ....

2. ....

3. ....

4. ....

5. ....

Top 5 albums

1. ....

2. ....

3. ....

4. ....

5. ....

Top 5 songs

1. ....

2. ....

3. ....

4. ....

5. ....

Top 5 concerten

1. ....

2. ....

3. ....

4. ....

5. ....

Top 5 boeken

1. ....

2. ....

3. ....

4. ....

5. ....

Top 5 films

1. ....

2. ....

3. ....

4. ....

5. ....

Top 5 plaatsen op aarde

1. ....

2. ....

3. ....

4. ....

5. ....

Top 5 steden

1. ....

2. ....

3. ....

4. ....

5. ....

Top 5 bijzondere ervaringen

1. ....

2. ....

3. ....

4. ....

5. ....

Top 5 'gewone' mensen

1. ....

2. ....

3. ....

4. ....

5. ....

Top 5 beroemdheden

1. ....

2. ....

3. ....

4. ....

5. ....

Top 5 creatieve genieën

1. ....

2. ....

3. ....

4. ....

5. ....

Met deze persoon (uit heden of verleden) zou ik 48 uur willen doorbrengen

In deze tijd zou ik het liefst willen leven

Deze 3 woorden zijn kenmerkend voor de afgelopen 3 jaar

1. ....

2. ....

3. ....

Deze 5 bijzondere ervaringen hebben me gemaakt tot wie ik nu ben

1. ....

2. ....

3. ....

4. ....

5. ....

De moeilijkste keuze die ik ooit moest maken

Het domste dat ik ooit heb gedaan

Dit zou mijn 16-jarige ik vinden van mij zoals ik nu ben

Mijn favoriete herinnering uit mijn kindertijd

CHECK

Ik

- ☐ ben verliefd geweest
- ☐ ben voor mijn rijexamen gezakt
- ☐ ben uit een vliegtuig gesprongen
- ☐ heb een bot gebroken
- ☐ heb een beker/trofee gewonnen
- ☐ heb een andere taal geleerd
- ☐ ben naar een spa geweest
- ☐ heb iemand gezoend en daar spijt van gehad
- ☐ heb een sigaar gerookt
- ☐ ben in een ambulance vervoerd
- ☐ heb iemand afgewezen
- ☐ heb in een helikopter gevlogen
- ☐ heb een beroemdheid ontmoet
- ☐ heb mijn testament opgesteld
- ☐ heb de zoekgeschiedenis van mijn partner gecheckt
- ☐ heb de tekst van ons volkslied geleerd
- ☐ ben iemands peetouder
- ☐ heb iemand begraven
- ☐ ben getrouwd
- ☐ heb samen met iemand gedoucht
- ☐ ben bloeddonor
- ☐ heb een gedicht uit mijn hoofd geleerd
- ☐ heb iets kostbaars gebroken
- ☐ heb gebungeejumpt
- ☐ heb plastische chirurgie overwogen
- ☐ heb plastische chirurgie ondergaan
- ☐ heb met mijn vader/moeder gedanst
- ☐ ben van de hoge duikplank gesprongen
- ☐ ben van de hoge duikplank gedoken
- ☐ ben op dieet geweest
- ☐ heb een onzichtbaar vriend(innet)je gehad
- ☐ ben getuige geweest bij een huwelijk
- ☐ heb tweemaal een relatie gehad met dezelfde persoon
- ☐ heb een wedstrijd gewonnen
- ☐ heb mijn zoekgeschiedenis gewist
- ☐ heb voor publiek gesproken
- ☐ heb iemand bedrogen

CHECK

Ik

- ☐ ben een hele nacht weggebleven
- ☐ heb een blind date gehad
- ☐ heb een massage gehad
- ☐ heb meegedaan aan karaoke
- ☐ heb de zon zien opkomen
- ☐ heb de zon zien ondergaan
- ☐ heb geld verloren in een casino
- ☐ doe soms alsof
- ☐ heb mijn eigen eten verbouwd
- ☐ heb een autoband verwisseld
- ☐ heb een onbekende gezoend
- ☐ ben op tv geweest
- ☐ heb geld gegeven aan een bedelaar
- ☐ ben gescheiden
- ☐ heb een liefdesbrief met de hand geschreven
- ☐ heb een berg beklommen
- ☐ ben verliefd geweest op iemand van hetzelfde geslacht
- ☐ heb tweemaal een dieet gevolgd
- ☐ heb flessenpost in het water gegooid
- ☐ heb minstens één goede grap verteld
- ☐ heb voor een minimumloon gewerkt
- ☐ heb een weddenschap gewonnen
- ☐ heb gedichten geschreven
- ☐ heb weleens opgetreden
- ☐ heb een vuurwapen afgeschoten
- ☐ heb een schoolreünie bezocht
- ☐ heb als dj opgetreden
- ☐ heb op een mechanische rodeostier gereden
- ☐ heb een EHBO-cursus gevolgd
- ☐ heb iemands leven gered
- ☐ heb iemands hart gebroken
- ☐ heb vrijwilligerswerk gedaan
- ☐ heb gelogen tegen de politie
- ☐ heb een kaarttrucje geleerd
- ☐ heb een graad behaald
- ☐ heb een penvriend(in) gehad
- ☐ ben 24 uur achter elkaar opgebleven
- ☐ heb weleens een kind gesponsord
- ☐ heb weleens in een spagaat gezeten
- ☐ heb tegen de dokter gelogen
- ☐ ben hertrouwd
- ☐ ben orgaandonor
- ☐ heb een tarotkaartlegging gehad

DE DINGEN DIE IK INMIDDELS HEB GELEERD...

IK BEKEN

Niets geeft zo veel verlichting als een goede biecht. Gebruik deze bladzijde als biechtstoel.

Op een bepaald moment in mijn kindertijd speelde ik voor de laatste keer samen buiten met mijn vriendjes/vriendinnetjes, en geen van ons was zich daarvan bewust.*

Als ik terug kon gaan, zouden deze kinderen er zijn

En dit is de plek waar we zouden zijn

* internet, anoniem

DE EERSTE EN LAATSTE KEER

Een eerste keer is belangrijk en zowel betekenisvol als gedenkwaardig. Boordevol nieuwe mogelijkheden en vol spanning over wat daarna komt. Maar vergeet ook de laatste keren niet; tjokvol gevolgen en nasleep. Deze laatste keren zag je meestal niet aankomen...

Het eerste woord waarmee ik mezelf zou omschrijven: ....

De laatste keer dat ik me gelukkig voelde: ....

Het eerste dat ik zou doen als ik dit land bestuurde: ....

Mijn laatste gedachte voor ik in slaap val: ....

Mijn eerste liefde: ....

De laatste keer dat ik huilde: ....

De eerste persoon die ik in vertrouwen zou nemen: ....

De laatste persoon die ik zou vertrouwen: ....

De eerste keer dat mijn hart werd gebroken: ....

De laatste keer dat ik zei 'Ik hou van jou': ....

De eerste eigenschap waarop ik let bij een ander: ....

De laatste keer dat ik alles onder controle had: ....

De eerste keer dat ik voet bij stuk hield: ....

De laatste keer dat ik deed alsof: ....

De eerste die ik in nood zou bellen: ....

De laatste keer dat ik mezelf feliciteerde: ....

Mijn eerste echte relatie: ....

Het eerste dat ik heel graag wilde: ....

De eerste keer dat ik een geliefde verloor: ....

De laatste keer dat iets helemaal mislukte: ....

De eerste keer dat iets echt lukte: ....

De laatste keer dat ik succes had: ....

De eerste song die me raakte: ....

De laatste keer dat ik 'dank je wel' zei: ....

De eerste op wie ik verliefd werd: ....

De laatste keer dat ik boos werd: ....

Het eerste dat ik zou meenemen als mijn huis in brand stond: ....

De laatste keer dat ik ergens helemaal voor ging: ....

De eerste keer dat ik voelde dat mijn tijd op begon te raken: ....

De laatste keer dat ik bang was: ....

De eerste keer dat ik me volwassen voelde: ....

De laatste keer dat ik iets voor het eerst deed: ....

En last but not least...
De laatste keer dat ik loog: ....

3 dingen die ik mezelf vergeef

3 tekenen van hoop voor de toekomst

3 dingen die mijn alter ego heel anders zou aanpakken

HET HEDEN

• • •

YOLO (You Only Live Once)

Het heden is het moment waarop alles samenkomt. Het omvat alles, niets valt erbuiten. Iedereen wil dat je in het moment, in het nu leeft. Vooral omdat het veel gemakkelijker is om dingen aan mensen met het geheugen van een doorgedraaide goudvis te verkopen. Maar waar sta je nu eigenlijk? Om die vraag te beantwoorden moet je uit het heden stappen en een ruimte voor reflectie binnentreden.

Je moet de tijd stilzetten, even uit de sneltrein stappen en terugkijken op je reis. We kunnen het heden alleen zien als we erbuiten staan. Vervat jezelf in woorden. Bevries je rusteloze subjectiviteit tot een uitgekristalliseerd geheel, zoals het pletten van een vlinder in een plakboek.

Kijk door het chaotische circus van het doorleefde moment naar de glinstering van belangrijke waarheden daarbuiten.

Waar sta je? Op dit moment?

Wie ben je op dit moment?

De grootste inspiratie in mijn leven

Mijn waardevolste bezit

Dit ontdekte ik vandaag

Dit moet ik van me afzetten

Als ik € 10.000 had, zou ik dat hieraan besteden

Van deze song krijg ik kippenvel

3 dingen waar ik me nu druk over maak

1. ....

2. ....

3. ....

Als ik 3 wensen mocht doen, zouden dat deze zijn

1. ....

2. ....

3. ....

De eerste 5 songs die ik hoor als ik mijn mediaplayer op 'shuffle' zet

1. ....

2. ....

3. ....

4. ....

5. ....

Dit zou ik graag aan mezelf willen veranderen

Als ik vandaag met iemand uit het verleden zou kunnen spreken, zou dat deze persoon zijn

Mijn levensmotto

Deze relatie zou ik willen herstellen

Deze dingen maken me blij

Dit zou de titel van mijn autobiografie zijn

De mooiste 'kleine dingen' in mijn leven

Als ik een ding aan een ander zou kunnen geven, zou dat zijn

Dit maakt me aan het lachen

Stiekem benijd ik

Hier zou ik nu willen zijn als dat kon

Als ik luistervink kon spelen...

Mijn grootste angst

DIT IS WIE IK BEN

Leef je in het nu of richt je je op de toekomst? Iedereen heeft daar zo zijn eigen ideeën over.

Luister. Luister niet. Wees waar je bent. Wees jezelf.

Iedereen zegt dat dit de beste tijd van je leven is. Al die druk! Ze hebben ongelijk. Wees waar je bent. Niemand heeft het meer naar zijn zin dan jij; ze doen allemaal alsof.

Met dit GROTE ding ben ik bezig

Mijn persoonlijkheid in 6 woorden

1. ....

2. ....

3. ....

4. ....

5. ....

6. ....

Als ik niet zou weten hoe oud ik was, zou ik denken dat dit mijn leeftijd was

Zo oud zou ik het liefst voor altijd willen blijven

Dit zou ik nu graag uit de koelkast willen pakken

5 dingen die ik in mijn leven nodig heb

1. ....

2. ....

3. ....

4. ....

5. ....

5 dingen die ik in mijn leven zou willen

1. ....

2. ....

3. ....

4. ....

5. ....

EVEN EERLIJK

Laten we aannemen dat er meer onder het oppervlak schuilt. Is dat zo? Wie ben je?

Ik ben: ....

Ik ben geen: ....

Ik bewonder: ....

Ik verafschuw: ....

Ik heb: ....

Ik heb nooit: ....

Ik geniet van: ....

Ik heb een hekel aan: ....

Ik houd van: ....

Ik haat: ....

Ik heb behoefte aan: ....

Ik wil: ....

Ik kan: ....

Ik kan geen: ....

Ik ben altijd: ....

Ik ben nooit: ....

Ik ben bang om: ....

Ik ben niet bang om: ....

Ik ben behoorlijk goed in: ....

Ik ben niet goed in: ....

Ik wil meer: ....

Ik wil minder: ....

Ik voel nooit respect voor

Ik zou mijn voornaam willen veranderen in

Als ik in een tv-serie vast zou komen te zitten, zou dat deze zijn

Als ik iemand in een kamer kon opsluiten en een dag lang kwellen, zou dat deze persoon zijn

Hieraan zou ik graag veel geld uitgeven

Als ik een hersenspoelapparaat zou hebben, zou ik dat gebruiken voor

De eerste song die in me opkomt is

Dit bedrag zou voldoende voor mij zijn als ik de loterij zou winnen

Als ik op dit moment iemand – levend of dood – zou kunnen bellen, zou dat deze persoon zijn

IK BEN

Omcirkel op elke regel de eigenschap die het best bij jouw persoonlijkheid past.

Nerveus	OF	Kalm
Koppig	OF	Flexibel
Roekeloos	OF	Voorzichtig
Somber	OF	Opgewekt
Gericht op het grote geheel	OF	Gericht op details
Prestatiegericht	OF	Meewerkend
Pessimistisch	OF	Optimistisch
Geduldig	OF	Haastig
Wantrouwig	OF	Goedgelovig

HET LAATSTE WOORD

Vluchtige momenten schieten voorbij, sissend in de wind. Kun je er eentje uit de lucht grijpen, zoals Mr. Miyagi in *The Karate Kid* (het origineel, niet de remake) met zijn eetstokjes doet?

Laatste film: ....

Laatste boek: ....

Laatste concert: ....

De laatste keer dat ik huilde: ....

De laatste song waar ik naar luisterde: ....

De laatste keer dat ik bang was: ....

De laatste keer dat ik danste: ....

De laatste keer dat ik boos was: ....

De laatste keer dat ik lachte: ....

De laatste keer dat ik dronken was: ....

Deze persoon moet ik vergeven

Deze puinhoop zou ik graag willen opruimen

Deze vaardigheid zou ik heel graag willen hebben

Dit land zou ik kiezen als ik voor de rest van mijn leven zou worden verbannen

Mijn onfeilbare recept om een gebroken hart te repareren

Dit familielid zou ik opofferen als ik daarmee de wereld zou kunnen redden

De 3 lekkerste maaltijden die ik ooit zelf heb bereid

1. ....

2. ....

3. ....

Deze 3 dingen zou ik meenemen als mijn huis in brand stond

1. ....

2. ....

3. ....

IN EEN WOORD

Denk snel, of beter nog, denk helemaal niet. Laat je geestelijke filters links liggen en noteer wat het eerst in je opkomt. Aarzel niet, overweeg niet en wees niet kritisch. Zeg alles wat je wilt met slechts één woord...

Mijn baan: ....

Mijn partner: ....

Mijn lichaam: ....

Mijn liefdesleven: ....

Mijn toevluchtsoord: ....

Mijn angst: ....

Mijn jeugd: ....

Mijn verslaving: ....

Mijn passie: ....

Mijn kryptoniet: ....

Mijn spijt: ....

IN EEN WOORD

Mijn motor: ....

Mijn rem: ....

Mijn held: ....

Mijn toekomst: ....

Mijn fantasie: ....

Mijn achilleshiel: ....

Mijn schuldgevoel: ....

Mijn grootste deugd: ....

Mijn zonde: ....

De uitkomst is groter dan de som der delen

.... + ... + ... = **gezin**

.... + ... + ... = **liefde**

.... + ... + ... = **leven**

Als ik naar het leven van mijn vrienden kijk, denk ik dat deze vriend(in) het goed doet

Deze 3 talen zou ik (zonder enige inspanning) moeiteloos in mijn brein willen installeren

De persoon die ik zou willen terughalen uit de dood als dat kon

Hieraan verspil ik momenteel ontzettend veel energie

Mensen die ik graag een optater zou willen geven

Van dit historisch moment had ik graag getuige willen zijn

Dingen die taboe zijn voor mij, waarover ik zelfs met mijn beste vrienden heel moeilijk kan praten

Mensen die ik wil vergeven

Dingen die ik belachelijk vind

MENSEN DIE BELANGRIJK VOOR ME ZIJN

Dit probleem zou ik het allerliefst uit de wereld helpen

Mijn ouders in 5 woorden

1. ....

2. ....

3. ....

4. ....

5. ....

De grootste leegte in mijn leven ontstond door

Als ik vandaag € 10.000 zou krijgen, maar dat geld niet zelf mocht houden, zou ik

Wat ik nu, op dit moment, het allerliefst zou willen

De relatie met mijn moeder in één woord

De relatie met mijn vader in één woord

Het advies dat de grootste invloed op me heeft gehad

Als ik een Hollywoodfilm over mijn leven kon maken, zou dit de titel zijn

En dit zou de rolverdeling zijn:

.... **als** mezelf ....

.... **als** ....

.... **als** ....

.... **als** ....

.... **als** ....

.... **als** ....

.... **als** ....

.... **als** ....

.... **als** ....

De introsong van de film over mijn leven

De titelsong van de film over mijn leven

De outrosong van de film over mijn leven

Religie in 3 woorden

1. ....

2. ....

3. ....

Mijn huidige liefdesleven in één woord

Deze karaokesong zou ik willen zingen in een kroeg vol onbekenden

Deze 3 mensen (uit heden of verleden) zou ik willen uitnodigen op een door mij georganiseerd etentje

Deze namen zou ik nu kiezen voor mijn kinderen (al dan niet geboren)

DINGEN DIE BELANGRIJK VOOR MIJ ZIJN

MIJN EIGENSCHAPPEN

Wees eerlijk. Je beoordeelt iedereen die je tegenkomt. Dat doen we allemaal. Nu mag je jezelf eens beoordelen.

Eerlijkheid	1	2	3	4	5	6	7	8	9	10
Vrijgevigheid	1	2	3	4	5	6	7	8	9	10
Vergevingsgezindheid	1	2	3	4	5	6	7	8	9	10
Gelukkig	1	2	3	4	5	6	7	8	9	10
Trouw	1	2	3	4	5	6	7	8	9	10
Uniciteit	1	2	3	4	5	6	7	8	9	10
Humor	1	2	3	4	5	6	7	8	9	10
Intelligentie	1	2	3	4	5	6	7	8	9	10
Hulpvaardigheid	1	2	3	4	5	6	7	8	9	10
Getalenteerd	1	2	3	4	5	6	7	8	9	10
Zelfvertrouwen	1	2	3	4	5	6	7	8	9	10
Nederigheid	1	2	3	4	5	6	7	8	9	10
Liefdevol	1	2	3	4	5	6	7	8	9	10
Tolerantie	1	2	3	4	5	6	7	8	9	10
Spontaniteit	1	2	3	4	5	6	7	8	9	10
Gezondheid	1	2	3	4	5	6	7	8	9	10
Creativiteit	1	2	3	4	5	6	7	8	9	10
Elegantie	1	2	3	4	5	6	7	8	9	10

Ik ben er schijtziek van om steeds maar te horen dat

Als niemand het zou zien, zou ik

Mijn waardevolste bezit is

Mijn *guiltiest pleasure*

Dit zou ik vandaag het allerliefst willen laten verdwijnen

Mijn geheime vaardigheid

De song die mijn leven het best omschrijft

Als ik nog twee weken te leven had, zou ik

Hiermee zou ik heel graag willen stoppen

In de wereld zou ik dit graag veranderen

Ik maak me zorgen over

Mijn grootste geheim

WOORDASSOCIATIES

Als ik 'leven' zeg, wat zeg jij dan? Denk niet na, schrijf het eerste op dat in je opkomt. Laat je onderbewustzijn spreken. Je zult verbaasd staan over de magische kracht van deze ogenschijnlijke willekeur.

Leven: ....

Verleden: ....

Werk: ....

Seks: ....

Vertrouwen: ....

Losbandigheid: ....

Roem: ....

Haat: ....

Vergevingsgezindheid: ....

Onschuld: ....

Zwakte: ....

Slachtoffer: ....

Dood: ....

Geweld: ....

Discipline: ....

Spijt: ....

Leugens: ....

Moeder: ....

Verdriet: ....

Religie: ....

Overheersing: .... Angst: ....

Liefde: .... Thuis: ....

Gezin: .... Drugs: ....

Opoffering: .... Toekomst: ....

Leeftijd: .... Mislukking: ....

Eerlijkheid: .... Noodlot: ....

Oorlog: .... Humor: ....

Succes: .... Jaloezie: ....

Lust: .... Eerlijkheid: ....

5 dingen waaraan ik een hekel heb (en wat ik prima vind)

1. ....

2. ....

3. ....

4. ....

5. ....

Het aardigste dat ik ooit heb gedaan en waarvan niemand weet

Wie zal er voor me zijn als het er echt op aankomt?

Hoe tevreden ben ik met mijn leven op een schaal van 1 tot 10?

1 2 3 4 5 6 7 8 9 10

Wanneer zou het een 10 zijn?

MIJN LEVEN IN FEITJES

Geboorteplaats: ....

Broers en zussen: ....

Huidige woonplaats: ....

Sociale klasse: ....

Beroep: ....

Sterrenbeeld: ....

Politieke partij: ....

Allergie: ....

Huisdier: ....

Liefdadigheid: ....

Krant: ....

Tijdschrift: ....

Drankje: ....

Ontbijt: ....

Voorafje: ....

Hoofdgerecht: ....

Toetje: ....

Restaurant: ....

Café: ....

Club: ....

Hotel: ....

Kleding: ....

Schoenen: ....

Auto: ....

Telefoon: ....

Fototoestel: ....

Droombaan: ....

Abonnement: ....

Computer: ....

Merk: ....

Winkel: ....

Troostvoedsel: ....

Hobby: ....

Tijdverdrijf: ....

Team: ....

Spel/game: ....

Website: ....

Tv-programma: ....

FAMILIE IS

Hoeveel zeggenschap heb ik op dit moment over mijn leven?

1 2 3 4 5 6 7 8 9 10

Wat zou ervoor zorgen dat het een 10 zou zijn?

Mijn droombaan

Mijn lievelingseten

Mijn waardevolste bezit

Mijn ideale zaterdagavond

Dit heb ik al heel vaak gewenst

Mijn verborgen talent

Dingen waarin ik echt slecht ben

Die ene film die ik steeds weer wil zien

ALL-TIME FAVORITES

Song: ....

Album: ....

Concert: ....

Plaats: ....

Film: ....

Boek: ....

Band: ....

Artiest: ....

Vakantie: ....

Stad: ....

Docent: ....

Woord: ....

Tv-programma: ....

ONBETAALBAAR

Dingen die niet te koop zijn

UIT DE BAND SPRINGEN

Soms is het juiste om te doen het verkeerde. Verstandige mensen zijn eigenlijk idioten. We weten niet precies hoe dat zit, maar het is absoluut waar. De wereld is fout, dus hoe kan het fout zijn om in de ogen van de wereld het verkeerde te doen?

Dingen die ik heb gedaan/die mij zijn overkomen

- ☐ **Naakt gezwommen**
- ☐ **Opgepakt door de politie**
- ☐ **Drugs gebruikt**
- ☐ **Dronken geweest**
- ☐ **Gevochten**
- ☐ **Iemand (of een dier) zien sterven**
- ☐ **De hele nacht gefeest**
- ☐ **Sigaretten gerookt**
- ☐ **Ontslagen**
- ☐ **Hechtingen gekregen**
- ☐ **Tatoeage laten zetten**
- ☐ **Gedaan alsof**
- ☐ **Onuitgenodigd op een feest gekomen**
- ☐ **Gespiekt bij een toets**
- ☐ **Gedanst in het maanlicht**
- ☐ **Gespijbeld**
- ☐ **Gestolen**
- ☐ **Een muziekfestival bezocht**
- ☐ **Seks gehad in een vliegtuig**
- ☐ **Iemand van hetzelfde geslacht gezoend**

- ☐ Een piercing laten zetten
- ☐ Mijn haar geverfd
- ☐ Een onbekende gezoend
- ☐ Een relatie gehad om de seks
- ☐ Gebroken hart
- ☐ Zonder ondergoed gelopen
- ☐ Iets levends opgegeten
- ☐ Seks gehad in de openlucht
- ☐ Plastische chirurgie gehad
- ☐ Uit een kroeg gegooid
- ☐ Deelgenomen aan een demonstratie
- ☐ Iemand bedrogen
- ☐ Een vuurwapen afgevuurd
- ☐ Wraak genomen
- ☐ Een sigaar gerookt
- ☐ Te hard gereden
- ☐ Champagne zo uit de fles gedronken
- ☐ Om geld gekaart
- ☐ Verliefd geworden op de verkeerde
- ☐ Porno gekocht
- ☐ Aan crossdressing gedaan
- ☐ Een stripclub bezocht
- ☐ Winkeldiefstal gepleegd
- ☐ Telefoongrappen uitgehaald
- ☐ Van het werk weggebleven
- ☐ Een dier gedood

De 3 mensen in de wereld die het meest voor mij betekenen (in 3 woorden omschreven)

---

1. ....

2. ....

3. ....

---

1. ....

2. ....

3. ....

---

1. ....

2. ....

3. ....

De 5 mensen die ik het liefst zou willen bedanken (gewoon omdat ze zichzelf zijn)

1. ....

2. ....

3. ....

4. ....

5. ....

DE MANTRA'S IN MIJN LEVEN... EN MIJN LEEFREGELS

EEN BRIEF AAN MIJN VROEGERE ZELF

DE TOEKOMST

• • •

Waar ga ik naartoe?

Je houdt jezelf voor de gek als je denkt dat je je toekomst kunt voorspellen. Soms lukt het inderdaad om je doel te bereiken, maar net zo vaak niet. En zelfs met de duidelijkste ideeën zijn gevolgen grotendeels onvoorspelbaar. Gelukkig zijn onze ideeën zelden heel duidelijk.

Waar ga je naartoe? Waar ga je naartoe? Waar ga je naartoe? Nee echt, waar ga je nu werkelijk naartoe? Wat dacht je van nu? Of nu? En bedenk dat het er niet om gaat waar je naartoe wilt of waar je luchtkasteel staat. Kijk naar wat je nu doet, op dit moment. Bekijk de patronen in het ritme van je dagelijks leven en trek die door naar de toekomst. Neem dit hoofdstuk heel serieus, want dan is het des te leuker als je dit over tien jaar nog eens leest.

We gaan ons nu bezighouden met gewaagde toekomstvoorspellingen, dus laten we maar van start gaan...

Mijn toekomst in 3 woorden

1. ....

2. ....

3. ....

3 dingen die ik moet loslaten

1. ....

2. ....

3. ....

IK DROOM VAN

Ik ben het meest enthousiast over

Ik maak me het meeste zorgen over

Mijn droomhuis

De gok die ik zou wagen als ik wist dat ik niet kon falen

Het enige waarvoor ik zou willen sterven

Ik moet plaatsmaken voor

? OF ?

Dit is veel beter dan de Myers-Briggs typeringsmatrix. Vergeet niet dat het in deze oppervlakkige wereld niet belangrijk is wie je bent... maar waar je van houdt.

De weg	OF	De bestemming
The Stones	OF	The Beatles
Mac	OF	PC
Wijn	OF	Sterkedrank
Rijk	OF	Beroemd
BMW	OF	Mercedes
Zoet	OF	Zout
Vlees	OF	Vegetarisch
God	OF	De oerknal
Pepsi cola	OF	Coca cola
Londen	OF	New York
Nike	OF	Adidas
Thee	OF	Koffie
Homo	OF	Hetero
Films	OF	Muziek
Zomer	OF	Winter
Politiek links	OF	Rechts
Waarheid	OF	Durven
Spiritualiteit	OF	Religie
Klimaatverandering: feit	OF	Fictie
Stad	OF	Platteland
Doodstraf	OF	Levenslang
Hitchcock	OF	Spielberg
Kijk naar de toekomst	OF	Verander het verleden

Las Vegas	OF	Parijs
Kunst	OF	Wetenschap
Roem	OF	Geld
Hersens	OF	Schoonheid
Eropuit trekken	OF	Binnen blijven
iPhone	OF	Android
Meer tijd	OF	Meer geld
KFC	OF	McDonald's
Film	OF	Boek
Lennon	OF	McCartney
Vrijheid	OF	Veiligheid
Bergen	OF	Strand
Creativiteit	OF	Kennis
Tatoeages	OF	Piercings
The Wire	OF	The Sopranos
Geld	OF	Schoonheid
Even	OF	Oneven
Voorafje	OF	Toetje
Avontuur	OF	Ontspanning
Bellen	OF	WhatsApp
Beroemdheid	OF	Kunstenaar
Crematie	OF	Begrafenis
Winnen	OF	Meespelen
De werking	OF	Het uiterlijk
Vorm	OF	Functie
Gedachten	OF	Gevoelens
Langzaam	OF	Snel
Optimist	OF	Pessimist
Realist	OF	Idealist
Hoofd	OF	Hart

... of geen van beide

Iets wat iedereen in zijn leven zou moeten meemaken

De grootste bedreiging voor de toekomst van de mensheid

Mijn droomreünie

Als ik nu op reis kon gaan, ging ik naar

De overwinning waar ik naartoe werk

Mijn volgende uitdaging

Deze 3 dingen die echt moeten gebeuren, heb ik steeds uitgesteld

Dit zou ik vooral anders doen dan mijn ouders in de opvoeding van mijn kinderen

Dit is de grootste uitdaging voor de wereld van nu

DE TOEKOMST IS

We gaan nu bezig met het voorspellen van jouw toekomst.
Wat zou je willen dat er gebeurt?

10 plaatsen die ik wil bezoeken voor ik sterf

1. ....

2. ....

3. ....

4. ....

5. ....

6. ....

7. ....

8. ....

9. ....

10. ....

10 boeken die ik wil lezen

1. ....

2. ....

3. ....

4. ....

5. ....

6. ....

7. ....

8. ....

9. ....

10. ....

MIJN FAVORIETE SONGTEKSTEN OF GEDICHTEN

Over 10 jaar verdien ik mijn brood met

Ik zou met pensioen willen gaan om

Mijn ideale roadtrip

Dit vind ik eng aan ouder worden

Met deze persoon zou ik de laatste uren van mijn leven willen doorbrengen en dan zou ik dit doen

Hier zou ik het liefst begraven willen worden, als dat mogelijk zou zijn

Deze song moet beslist op mijn begrafenis worden gespeeld

MIJN NALATENSCHAP IS

PLAYLIST

Deze songs zijn de soundtracks van mijn leven:

1. ....

2. ....

3. ....

4. ....

5. ....

6. ....

7. ....

8. ....

9. ....

10. ....

BELOOF NU

Omcirkel je beloften en voeg er zelf wat toe!

Nee zeggen

Mijzelf mijn fouten vergeven

Geen spijt hebben

Prioriteiten stellen

Meer slapen

Mezelf trakteren

De boel op zijn kop zetten

Meer geven

Verliefd worden

Verantwoordelijkheid nemen

Kritiek accepteren

Kunst creëren

Mezelf zijn

Slimmer werken, niet harder

Minder zorgen maken

Anderen helpen

Meer liefhebben

Verandering verwelkomen

Beter luisteren

Niet haten

Risico nemen

De waarheid spreken

Assertief zijn

Nederiger zijn

Meer ontspannen

Sorry zeggen

Vrolijker zijn

Gezond eten

Meer lachen

Meer reizen

Groots dromen

Me gewoon goed voelen

Anderen de eer laten, de schuld op me nemen

Dankbaar zijn

DE TOEKOMST BEGINT HIER

Over één week zal ik

Over één maand zal ik

Over één jaar zal ik

Over tien jaar zal ik

MIJN LEEFREGELS

#1

#2

#3

#4

#5

DE BUCKETLIST

Niets is voor eeuwig, en jij al helemaal niet. Door even stil te staan bij je eigen sterfelijkheid kun je de machines weer op toeren brengen en je levenslust herstarten. De man met de zeis komt dan misschien wel ooit langs, maar jij laat je niet zomaar meesleuren in de duisternis! Gun jezelf wat fijne herinneringen die je in je laatste momenten helder voor ogen staan.

Vink dingen in deze lijst af en begin dan een eigen lijst.

- ☐ **Een halve marathon rennen**
- ☐ **Een triatlon doen**
- ☐ **Skiën/snowboarden**
- ☐ **Kanovaren**
- ☐ **Paardrijden**
- ☐ **Een nieuwe taal leren**
- ☐ **Een muziekinstrument bespelen**
- ☐ **In een koor zingen**
- ☐ **Salsa dansen**
- ☐ **Een ballonvaart meemaken**
- ☐ **Uit een vliegtuig springen**
- ☐ **Diepzeeduiken**
- ☐ **Raften**
- ☐ **Schaken**
- ☐ **Pottenbakken**
- ☐ **Een schilderij maken**
- ☐ **Een kort verhaal schrijven**
- ☐ **Rubik's kubus oplossen**
- ☐ **Collecteren**

- ☐ Een eigen bedrijf opzetten
- ☐ Motorrijden
- ☐ Een boek schrijven
- ☐ Bloeddonor worden
- ☐ Bungeejumpen
- ☐ Kamperen
- ☐ Een berg beklimmen
- ☐ Een boom planten
- ☐ Een helikoptervlucht maken
- ☐ Met een vuurwapen schieten
- ☐ Hiken
- ☐ Aan een goed doel geven
- ☐ Goochelen
- ☐ Je testament vastleggen
- ☐ Een koe melken
- ☐ Meedoen aan een flashmob
- ☐ Een vechtsport leren
- ☐ EHBO leren
- ☐ Leren vliegen
- ☐ Een tatoeage nemen
- ☐ Een blog schrijven
- ☐ Een sportschool bezoeken
- ☐ Een taart bakken
- ☐ Je 'ding' vinden
- ☐ Mediteren
- ☐ Een roadtrip doen
- ☐ Yoga
- ☐ Breien
- ☐ Gelukkig zijn

10 dingen die ik wil doen voor ik sterf

1. ....

2. ....

3. ....

4. ....

5. ....

6. ....

7. ....

8. ....

9. ....

10. ....

IK WIL MINDER

IK WIL MEER

LEVEN IS

De vrijheid om je eigen definities te maken.

Leven is: ....

Spijt is: ....

Succes is: ....

Kinderen zijn: ....

Dood is: ....

Geluk is: ....

Liefde is: ....

Vertrouwen is: ....

Werk is: ....

Geld is: ....

Vrede is: ....

Geloof is: ....

Politiek is: ....

WAT ZOU IK GRAAG WILLEN DOORGEVEN?

Stel dat je nog maar 9 minuten te leven had en je hebt een pen en een vel papier. Schrijf een boodschap aan je kinderen of aan iemand die je lief is en geef het waardevolste door wat je hebt geleerd. Geef ze iets waar ze hun hele leven iets aan hebben, dat hen bijblijft. Wat wil jij doorgeven? Ga je gang!

LIEFDE IS

MIJN INSPIRATIE

MIJN PARTNER

Neem even de tijd om na te denken over je 'betere helft', of dat nu de huidige is, iemand in de toekomst of zelfs uit het verleden. Het is dé kans om alle goede en minder goede eigenschappen van je partner te overpeinzen, of gewoon om uit te zoeken waarom die persoon 'de ware' is.

De toekomst is: ....

Ons speciale moment: ....

Onze song: ....

Onze stad: ....

5 redenen waarom ik van je hou

1. ....
2. ....
3. ....
4. ....
5. ....

Opwindend: ....

Afstotend: ....

Eén ding dat ik aan jou zou willen veranderen: ....

Mijn bekentenis: ....

5 dingen die jij doet waar ik me mateloos aan erger

1. ....

2. ....

3. ....

4. ....

5. ....

Mijn perfecte date

Waar het allemaal begon

Waarom ik van je hou

Ik zou nog meer van je houden als

JE PARTNER IS

Omcirkel op elke regel de eigenschap die het best bij jouw partners persoonlijkheid past.

Nerveus	OF	Kalm
Koppig	OF	Flexibel
Roekeloos	OF	Voorzichtig
Somber	OF	Opgewekt
Gericht op het grote geheel	OF	Gericht op details
Prestatiegericht	OF	Meewerkend
Pessimistisch	OF	Optimistisch
Geduldig	OF	Haastig
Wantrouwig	OF	Goedgelovig

WEET WAT JE WILT

Ik zou dit graag willen leren: ....

Ik zou dit graag willen bezoeken: ....

Ik zou dit graag willen proberen: ....

Ik zou dit graag willen maken: ....

Ik zou dit graag willen loslaten: ....

Ik zou dit graag willen studeren: ....

Ik zou graag willen praten met: ....

Ik zou dit graag willen zien: ....

Ik zou graag willen leren om te: ....

Ik zou dit graag willen veranderen: ....

Ik zou graag willen helpen om te: ....

Ik zou graag willen stoppen met: ....

Ik zou dit graag willen zijn: ....

DE TOEKOMST STAAT VOOR DE DEUR...

Over 10 jaar...

rijd ik in een: ....

richt ik me op: ....

vier ik: ....

woon ik: ....

werk ik als: ....

ben ik geïnteresseerd in: ....

heb ik behoefte aan: ....

leer ik: ....

ben ik een succesvolle: ....

vind ik dit belangrijk: ....

heb ik plezier met: ....

ben ik op weg naar: ....

heb ik nog steeds contact met: ....

ben ik op zoek naar: ....

ben ik blij dat ik niet meer: ....

ben ik heel goed in: ....

probeer ik te veranderen dat: ....

lach ik om: ....

ben ik dankbaar voor: ....

voel ik het gemis van: ....

reis ik naar: ....

EEN BRIEF DIE IK NOOIT ZAL VERSTUREN

EEN HERINNERING DIE IK NOOIT MET IEMAND ZAL DELEN

EEN BRIEF DIE IK ZOU WILLEN VERSTUREN

EEN BRIEF DIE IK ZOU WILLEN ONTVANGEN

WAAROM?

WAAROM NIET?

EEN BRIEF AAN MIJN TOEKOMSTIGE ZELF

MIJN PLANNEN VOOR DE TOEKOMST

DE TIJDCAPSULE

Zeg me na...

Ik zal geen orders opvolgen zonder eerst zelf na te denken

Vergeet dat nu maar en doe gewoon wat je gezegd wordt. Waarom? Omdat ik jouzelf ben; ik ben de stem in je hoofd.

Kies een getal tussen 1 en 10. Schil een sinaasappel en gooi de schil over je schouder. Werp een dobbelsteen. Neem een beslissing.

Over een aantal jaren zul je dit boek weer pakken en alle opdrachten nogmaals doen.

Je ontmoet jezelf dan, net zoals in die rare droom die je steeds hebt, alleen in het echt is dat stukken boeiender.

Gefeliciteerd, waarheidszoeker. Je hebt het einde van je reis naar inzicht bereikt. Je kent jezelf nu wat beter, met al je goede en slechte kanten. En misschien ben je erachter gekomen dat jouw 'zelf' een soort bouwwerk is; een constructie die je elke dag opbouwt en verbouwt.

Of misschien toch niet.

Of misschien toch wel.

BURN AFTER WRITING?

Vervolg je reis:
This is What My Soul Looks Like
The Burn After Writing Sequel